Torsten Meineke

Führungsmodelle und Führungsstile in erfolgsverpflichteten Projektgruppen bei unterschiedlichem Personalvermögen der Teammitglieder

GRIN Verlag

Bibliografische Information der Deutschen Nationalbibliothek:

Die Deutsche Bibliothek verzeichnet diese Publikation in der Deutschen National-
bibliografie; detaillierte bibliografische Daten sind im Internet über http://dnb.d-
nb.de/ abrufbar.

Impressum:

Copyright © 2013 GRIN Verlag GmbH
Druck und Bindung: Books on Demand GmbH, Norderstedt Germany
ISBN: 978-3-656-86247-5

Dieses Buch bei GRIN:

http://www.grin.com/de/e-book/286039/fuehrungsmodelle-und-fuehrungsstile-in-
erfolgsverpflichteten-projektgruppen

GRIN - Your knowledge has value

Der GRIN Verlag publiziert seit 1998 wissenschaftliche Arbeiten von Studenten, Hochschullehrern und anderen Akademikern als eBook und gedrucktes Buch. Die Verlagswebsite www.grin.com ist die ideale Plattform zur Veröffentlichung von Hausarbeiten, Abschlussarbeiten, wissenschaftlichen Aufsätzen, Dissertationen und Fachbüchern.

Besuchen Sie uns im Internet:

http://www.grin.com/

http://www.facebook.com/grincom

http://www.twitter.com/grin_com

DONAU-UNIVERSITÄT KREMS

Department für E – Governance in Wirtschaft und Verwaltung

Führungsmodelle und Führungsstile in erfolgsverpflichteten Projektgruppen bei unterschiedlichem Personalvermögen der Teammitglieder

Seminararbeit

Im Rahmen des universitären Weiterbildungsprogramms

Professional MSc Management und IT

eingereicht von:

Torsten Meineke

Abgabedatum: 08. Juni 2014

Kurzbeschreibung

Die vorliegende Arbeit behandelt die Nutzung des „Erfahrungsschatzes" eines / einer MitarbeiterIn.

Im ersten Teil soll auf die Wissensweitergabe, den sogenannten „Erfahrungsschatz" vorbereitet und Teile der Führung näher erläutert werden. Weiter soll dem „Geführten" die Motivation vermittelt werden, die Aufmerksamkeit weiter zu schärfen und so seiner Stimme Gehör verschaffen zu können.

Der Schwerpunkt des zweiten Teiles besteht in der Übertragung der „Erfahrungsschatzes" mit den einzelnen Stufen mit der Abgrenzung von „Daten, Informationen und Wissen."

INHALTSVERZEICHNIS

I. Abbildungsverzeichnis

II. Tabellenverzeichnis

1. Einführung und Problemdarstellung

In der Literatur liest man, u.a. beschrieben von Brunner: „Die Einführung der schlanken Produktion bewirkt geringe Bestände, eine Reduktion des Personals, der Werkflächen, der Lagerbestände und der Zeit für die Produkteinführung bei gleichzeitiger Steigerung der Variantenvielfalt sowie einer Reduzierung der Fehleranzahl."[1]

Aber für die Umsetzung dieser anspruchsvollen Ziele bedarf es Menschen mit ihrem jeweiligen Fachwissen. Dabei haben sich aber in der Vergangenheit Sätze, die so oder so ähnlich geklungen haben mögen wie „Mach mal schnell..." oder „Mach mal nebenbei, wenn Luft ist...", als unvorhersehbar erwiesen, wenn durch diese Aussage, wie u.a. von Brunner behauptet notwendige Grundbausteine verloren gehen. Jedes Unternehmen sitzt auf einem „ungehobenem Schatz", um diesen Ansprüchen gerecht werden zu können. Dieser sogenannte Schatz, das Nutzbarmachen des Fachwissens des eingesetzten Personals damit das Personalvermögen[2] nicht unnötig verschwendet oder auch reduziert wird.

1.1 Ziel der Arbeit

Das Anliegen für eine Veränderung gleichbedeutend mit einem Um- bzw. Neudenken in der Auffassung bedarf es einer konsequenten Ausrichtung der Nutzung der internen Interessen bzw. Möglichkeiten unter Beteiligung des arbeitenden Personals. Damit die gewünschte Verbesserungssituation, der Faktor der menschlichen Arbeitsleistung, eintreten kann ist es von Wichtigkeit, gegenüber seinen MitarbeiterInnen angemessen reagieren zu können, damit der Stimme Gehör verschafft werden kann.

Das gesammelte Wissen, der Erfahrungsschatz, sollte wertschöpfend genutzt werden, damit sich dies positiv auf die Personalentwicklung niederschlagen kann.

---

[1] Franz J. Brunner, *Japanische Erfolgskonzepte / KAIZEN, KVP, Lean Production Management, Total Productive Maintenance, Shopfloor Management, Toyota Production Management* (München, Wien: Hanser, 2008, 1.
[2] Vgl. Gerhard E. Ortner, „Instrumente und Dokumente der Unternehmensplanung", 2013, 43.

2. Einsicht für das Führen

Um die Angst vor den eigenen Fähigkeiten zu nehmen, muss man erkennen, welches Potential in jedem, also in einem Selber, steckt. Jeder muss die eigene Leistung respektieren, und sich gleichzeitig, die Aufregung vor der eigenen Verantwortung nehmen. Die Nervosität ist zweckdienlich und gehört dazu. Es lässt erkennen, dass man wahrgenommen und geachtet wird. Die menschliche Psyche, definiert sich dahingehend über das eigene „Selbst."

Das eigene Selbst[3] existiert in zwei Welten. Dabei teilt sich das eigene „Selbst" in zwei Perspektiven auf. Das erste Selbst (1) schaut nach hinten, also in die Vergangenheit und beurteilt die Erfahrungen, die gewesen waren, und das zweite Selbst (2) schaut nach vorne, also in die wahrscheinlich eintretende Zukunft nach dem Beurteilungsstand des in der Vergangenheit erlebten und versucht aus den gewonnen Erfahrungen diese zu beeinflussen.[4] Das eigentliche Selbst ist das Ergebnis. Es reflektiert und vollzieht einen ständigen Abgleich zwischen dem Erreichtem und dem zukünftigen Erreichen.

2.1 MitarbeiterInnenführung heute und morgen

Richtige MitarbeiterInnenführung ist heute und künftig besonders notwendig, da neben ungelösten Sachproblemen auch ungelöste Führungsprobleme ernsthaft das Überleben von Unternehmen gefährden können. MitarbeiterInnenführung ist nicht nur in guten Zeiten wichtig, wenn es darum geht, gute MitarbeiterInnen zu bekommen und im Unternehmen zu halten, sondern auch in schlechten Zeiten. Dazu kommt, dass es dann um, so mehr gilt mit zufriedenen MitarbeiterInnen mehr[5] zu leisten. Um Führungsprobleme zu entschärfen, sind daher grundsätzlich die Ziele der MitarbeiterInnen und des Unternehmens durch zeitgemäßes Führen zu integrieren.

---

[3] Das Selbst, Erklärung im Mathematischen Verständnis: 1+2=12
[4] Vgl. Claus Otto Scharmer, *Theorie U: Von der Zukunft her führen / Presencing als soziale Technik*, 3., unverändert (Heidelberg: Carl-Auer-Verl., 2013), 32 ff.
[5] Mehr bedeutet nicht: MEHR leisten, aufgrund des Hineinstopfens von Personals, um den Produktionsausstoß zu erhöhen, sondern verbesserte, sinnvollere Arbeitsinhaltsaufteilung.

2.2 Bedeutung für die Personalentwicklung

Der Begriff wird in der Theorie und der Praxis beschrieben als ein Instrument, das Personal auf zukünftige Ereignisse einzustellen oder durch geeignete Fördermaßnahmen Menschen so zu entwickeln, dass sie den Aufgaben verbessert gewachsen sind[6]. Weitere Begriffsfassungen definieren im engeren Sinne Personalentwicklung inhaltlich auf die Aus- und Weiterbildung. Im weiteren Sinne betreffen Definitionen, die Förderung der Unternehmensentwicklung durch zielgerichtete Gestaltung von Lern-, Entwicklungs- und Veränderungsprozessen in den Bereich betrieblicher Personalentwicklung.

2.3 Was bedeutet Führen?

Um Fehler in der Führung zu beseitigen, muss man verstehen, was Führen bedeutet. Dahin gehend muss man sich das nötige Know-how, das nötige Führungswissen aneignen. Um Führen zu können muss, man Autorität besitzen[7]. Autorität ist die Bezeichnung für eine Befugnis oder Chance, anderen ein bestimmtes Handeln oder Verhalten nahe zu bringen oder es von ihnen verbindlich zu verlangen. Autorität beruht auf der freiwilligen, nicht gewaltsam erzwungenen Akzeptanz durch die anderen MitgliederInnen[8].

2.3.1 Äußere und Innere Autorität

In ihren Veröffentlichungen gehen Stroebe und Stroebe davon aus, dass es zwei Arten von Autorität gibt, zum einen die äußere Autorität und zum anderen die innere Autorität[9].
Äußere Autorität kann verbunden werden mit der Geburt in einen Stand[10], das bedeutet man erhält Zugang zu einer wichtigen Ressource[11] und autoritärem Verhalten. Innere Autorität bedeutet, ihre Grundlage ist das Verhalten, welches von Mitmenschen geschätzt wird. Für den, der nur auf die äußere Autorität setzt, bedeutet „Führen" dasselbe wie Durchsetzen. Wer

---

[6] Vgl. Gerhard Comelli und Lutz von Rosenstiel, *Führung durch Motivation / Mitarbeiter für Organisationsziele gewinnen* (München: Beck, 1995), 29.

[7] Vgl. Ralf Dillerup und Roman Stoi, *Unternehmensführung*, 3. Aufl. (Franz Vahlen, 2012), 6.

[8] Vgl. Henry Walter, *Handbuch Führung Der Werkzeugkasten für Vorgesetze* (Frankfurt / New York: Campus-Verlag GmbH, 2005), 165 ff.

[9] Vgl. Rainer W. Stroebe und Guntram H. Stroebe, *Grundlagen der Führung / mit Führungsmodellen ; mit Tab.*, Bd. 2, 7., durchges. Aufl., Arbeitshefte Führungspsychologie (Heidelberg: Sauer, 1992), 11.

[10] Vgl. Heinz Reif, *Kritische Studien zur Geschichtswissenschaft*, hg. von Helmut Berding, Jürgen Kocka, und Hans-Ulrich Wehler, Bd. 35 (Göttingen: Vandenhoeck & Ruprecht, 1979), 34, https://download.digitale-sammlungen.de/pdf/1394292558bsb00050352.pdf.

[11] Vgl. Martin Groß, *Klassen, Schichten, Mobilität Eine Einführung* (Wiesbaden: VS Verlag für Sozialwissenschaften, 2008), 22.

dagegen die persönliche Reife besitzt, muss sich nicht mit Nachdruck durchsetzen. Für Sie ist es normal, angemessen, unter Berücksichtigung der allgemeinen Umgangsformen zu motivieren, und dabei die zu erreichenden Ziele zu respektieren.

2.3.2 Der Führungsprozess

Der erste Einfluss auf den Führungsprozess ist die Führungskraft selbst. Sie motiviert und unterstützt, die Gruppe auf das Ziel hin. Die Führungskraft steuert MitarbeiterInnen. Die einzelnen MitarbeiterInnen sind gleichbedeutend mit dem zweiten Einfluss. Die Führungskraft und die MitarbeiterInnen arbeiten in Teams. Die Gruppe ist der dritte Fakt, der Führungseinflüsse. Die Führungskraft nimmt Einfluss auf, die MitarbeiterInnen bzw. die Gruppe auf die zu erreichenden Vorgaben. Die gemeinsamen zu erreichenden Vorgaben entsprechen dann dem vierten Wert. Dabei befinden sich Führungskraft, MitarbeiterInnen und Gruppe in Abhängigkeit zueinanderstehen. Diese Abhängigkeitssituation bildet den fünften Einflussfaktor. Diese fünf Größen wirken wechselseitig aufeinander. Diese Abhängigkeit zueinander bewirkt, dass eine Führungskraft die Leistungsbereitschaft und die Leistungsfähigkeit der MitarbeiterInnen fördert. Ebenfalls wird das Zusammengehörigkeitsgefühl in der Gruppe erhöht. Wird auf die jeweilige Situation eingegangen, so wird das gemeinsame Ziel erreicht[12].[13] Eine schematische Übersicht stellt die unten aufgeführte Abbildung dar. (Vgl. Abbildung 1: Einflüsse auf die Führung).

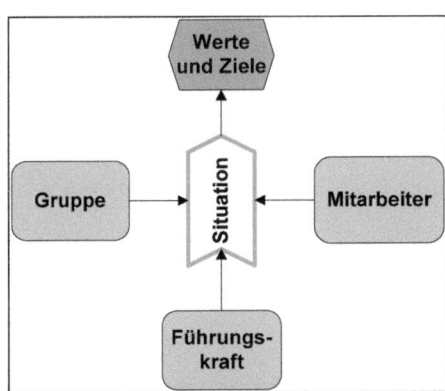

Abbildung 1: Einflüsse auf die Führung[14]

---

[12] Vgl. Rainer Niermeyer, *Teams Führen*, 1. Aufl. (Freiburg: Haufe Lexware Verlag, 2011), 164.
[13] Vgl. ebd..
[14] Stroebe und Stroebe, *Grundlagen der Führung / mit Führungsmodellen ; mit Tab.*, 2:13.

2.4 Definition Führungsmodelle

Der Begriff „Führungsmodelle" ist in der Literatur ein komplexes, umfangreich beschriebenes Fachgebiet. Deshalb wird eine verkürzte Darstellung bzw. Erklärung, unter Abschnitt 2.4. ff. angeboten, die sich vordergründig mit situativem Führen auseinandersetzt und nur eine grobe Betrachtung zur Vollständigkeit darstellen soll und dahingehend keinen Anspruch auf Vollständigkeit erheben kann.

2.4.1 Situatives Führen nach Blake/Mounton

Das Modell des situativen Führens beruht auf dem Zusammenspiel des ziel-orientierten, des beziehungs-orientierten Führungsverhaltens und der konkreten Situation. Dabei kann die Situation durch z. B. den „Reifegrad" der Mitarbeiter und oder der Gruppe abhängen. Sowie die jeweilige Zielsetzung, die organisatorische Struktur und der gesellschaftlichen Struktur. Ein Raster für das Einordnen stellt das Verhaltensgitter nach Bühner dar (Vgl. Abbildung 2).

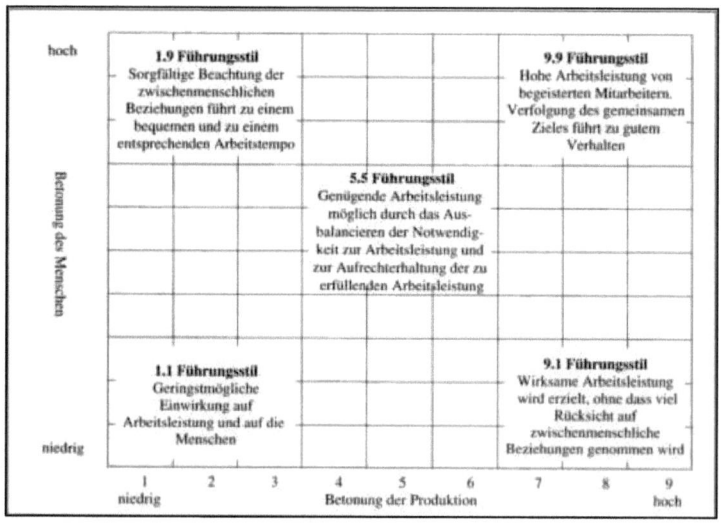

Abbildung 2: Das Verhaltensgitter[15]

---

[15] Rolf Bühner, *Personalmanagement*, 3., überarb. und erw. Aufl. (München [u.a.]: Oldenbourg, 2005), 279.

2.4.2 Drei-D-Modell von Reddin

Das Drei-D-Modell von Reddin betrachtet ebenfalls das von den Ohio-Studies bzw. von dem daraus abgeleiteten Verhaltensgitter von Blake/Mouton aus. Reddin bezeichnet die vier Eckfelder des Verhaltensgitters als Basisstile und nimmt sie als Grundlage für eine Erweiterung um die „Situationsadäquatheit" der Führung als dritte Dimension. Die vier Basisstile sind, Einsatzstil gleich starke Aufgabenorientierung, Kontaktstil gleich starke Mitarbeiterorientierung, Trennungsstil gleich geringe Ausprägung beider Stilrichtungen, Integrationsstil gleich Kombination starker Aufgaben- und Mitarbeiterorientierung. Ausgehend von der Grundeinsicht, dass die Effizienz des Führens von den zwei Komponenten des Führungsverhaltens und der situativen Bedingung bestimmt wird, fügt er den unabhängigen Dimensionen Aufgabenorientierung und Kontaktorientierung, als dritte Dimension die Situationsadäquatheit der Führung hinzu. Die Abbildung 3 visualisiert, das Modell.

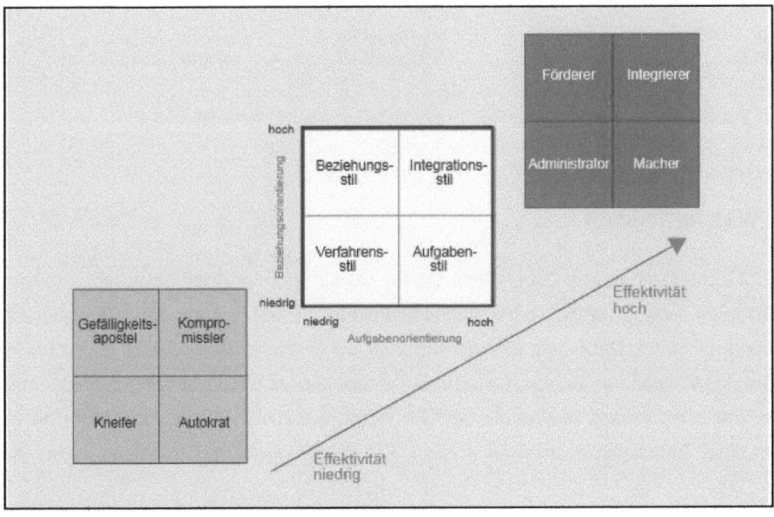

Abbildung 3: Die drei Dimensionen nach Reddin[16]

---

[16] Christian Scholz, *Grundzüge des Personalmanagements*, 1. Aufl. (Franz Vahlen, 2011), 402.

6

3. Daten, Informationen und Wissen

Grundsätzlich müssen die drei Begriffe Daten, Informationen und Wissen auseinander gehalten werden. Sie sind in der logischen Reihenfolge eines Entwicklungsprozess angeordnet. Auf der ersten Stufe sind Daten angesiedelt. Daten stellen die unverarbeitete, unstrukturierte Basis, als Ausgangssituation für den nächsten, evolutionären Schritt auf dem Weg zum Wissen dar[17]. Die zweite Stufe betrifft die Informationen. Informationen können auch als Fluss von Daten bezeichnet werden. Sie sind in eine für den Lernenden verarbeitbare, logische Reihenfolge gebracht[18]. Auf der dritten Ebene befindet sich Wissen. Wissen wird mit Informationen angereichert und mit dem eigenen, individuellen Erfahrungsschatz interpretiert[19]. Einen erläuternden Überblick dazu liefert folgende Tabelle (Vgl. Tabelle 1).

	Daten	Information	Wissen
Basis-operation	codierte Beobachtungen	systemisch relevante Daten	Einbau von Informa-tionen in Erfahrungs-kontexte
Restrik-tionen	Zahlen Sprache/Texte Bilder	Information ist systemrelativ	gemeinsame Praxis community of practice
Herausforderung	innovative hybride Formen	Informationsaustausch	Wissenstransfer

Tabelle 1: Merkmale der Grundbegriffe[20]

3.1 Was ist Wissen

In den Untersuchungen von Gilbert Ryle (1949) wurde unterschieden zwischen „knowing that" und „knowing how"[21], wobei nach Michael Polanyi (1958) es auf die Formulierung und Auslegung ankommt. Dabei legt er „knowing that" als explizites Wissen fest. Explizites Wissen bedeutet das Wissen von Zahlen, Daten und Fakten. Dieses wird unterschieden vom impliziten Wissen. Implizites Wissen basiert auf dem Erfahrungsschatz eines jeden und kann daher nicht in Form einer Definition beschrieben werden. Es ist individuell. Polanyi erklärt es mit „that we

---

[17] Vgl. Ulrike Baumöl, Hrsg., „Informationsmanagement: Informationslogistik und Management der Informatik als Funktionen der Unternehmensführung", 13. Februar 2014, 14.
[18] Vgl. ebd.
[19] Vgl. ebd., 2014.
[20] Helmut Willke, *Systemisches Wissensmanagement* (Stuttgart: Lucius und Lucius, 1998), 13.
[21] Vgl. Helmut Willke, *Systemisches Wissensmanagement / 9 Tabellen*, 2., neubearb. Aufl. (Stuttgart: Lucius und Lucius, 2001), 11.

know more than we know how to say"[22]. Daher ist es wichtig von allgemeinen Wissen und Erfahrungswissen zu unterscheiden.

In anderen wissenschaftlichen Abhandlungen wird von wesentlich mehr Unterscheidungen berichtet bzw. ausgegangen: Müller-Stewens und Lechner beschreiben diese wie folgt[23]:

- **Explizites Wissen:** wird mit allen Zahlen, Daten und Fakten umrissen. Es ist durch Aufzeichnung nachvollziehbar und kann mit allen Sinnen wiedergegeben werden.
- **Implizites Wissen:** beschreibt die Fähigkeit, etwas zu tun was nicht speziell bei gebracht wurde. Man kann es eben nur nicht in Worte fassen.
- **Verinnerlichtes Wissen:** wird durch den Umgang mit einer wiederholbaren Situation einstudiert. Es wird trainiert, dadurch entsteht durch dieses Training Erfahrung.
- **Konzeptionelles Wissen:** beschreibt die Nutzung der individuellen Kenntnisse. Es gestattet ein Überdenken und Verbessern des Erlernten.
- **Sozial konstruiertes Wissen:** ist von der Situation abhängig, siehe Abbildung 1: Einflussgrößen auf den Führungsprozess.
- **Ereigniswissen:** geht über das allgemeine Wissen hinaus und umfasst Erfahrungswissen. Es enthält eine Beziehung und lässt dadurch eine Verknüpfung zu, wie sich Zusammenhänge und Tätigkeiten in einem Kontext darstellen.

3.2 Wissenserwerb in einem Vier – Stufen – System

3.2.1 Sozialisation

Nonaka/Takeuchi beschreiben die Umwandlung impliziten Wissens zu explizitem Wissen in 4 Stufen. Auf der ersten Stufe der Umwandlung impliziten Wissens erfolgt die implizite Weitergabe durch die Interaktion von Menschen, sprich der Meister zu seinem Auszubildenden. Es wird die Erfahrung nachgeahmt, in dem durch Beobachten und Wiederholenden handwerkliche Fähigkeiten eingeübt werden. Diese Stufe nennen Nonaka/Takeuchi Sozialisation[24].

---

[22] Vgl. Willke, *Systemisches Wissensmanagement*, 13.
[23] Vgl. Günter Müller-Stewens und Christoph Lechner, *Strategisches Management / wie strategische Initiativen zum Wandel führen ; der St. Galler General Management Navigator*, 3. Aufl. (Stuttgart: Schäfer Poeschel, 2005), 461.
[24] Vgl. Ikujiro Nonaka und Hirotaka Takeuchi, *Die Organisation des Wissens : Wie japanische Unternehmen eine brachliegende Ressource nutzbar machen*, übers. von Friedrich Mader, 2. Aufl. (Frankfurt/M.: Campus Verlag, 2012), 75.

3.2.2 Externalisierung

Die Stufe des Externalisierens beschreibt den Umwandlungsprozess von implizitem Wissen in explizites Wissen. Dies erfolgt durch den Austausch von implizitem Wissen durch das Beschreiben, damit es in eine explizite Form umgewandelt werden kann. Dies geschieht durch Modelle, Hypothesen und Metaphern[25].

3.2.3 Kombination

Die Bestandteile expliziten Wissens sind – wie oben beschrieben – die Sammlung in, u.a. Datenbanken, Büchern von Zahlen, Daten und Fakten. Dieser Veredelungsprozess von Informationen erfolgt durch das Interagieren von Menschen in einem sozialen Prozess. In diesem wird aus explizitem Wissen durch die Kombination wiederum explizites Wissen. Diese Schaffung von Wissen erfolgt an Lehreinrichtungen[26].

3.2.4 Internalisierung

Diese Stufe drückt den Weg zur Verinnerlichung des Wissens in einem Menschen aus. Neues implizites Wissen wird erzeugt, indem das Erlernte angewandt wird und in einem Schritt der Anwendung Routine erlangt. „Internalisierung gründet also auf unterschiedlichen Formen des individuellen und des sozialen Lernens."[27]

3.3 Entstehen von Unternehmenswissen in einem Fünf – Stufen – System

3.3.1 Vorhaben

Die erste der fünf Stufen wird durch implizites Wissen begonnen. Es existiert ein großes Reservoir an Wissen. Dieses gilt es durch Erfahrungsaustausch mitzuteilen, denn die Übergabe ist nicht ohne weiteres möglich. Dadurch wird dieser Austausch zu einer Plattform an unternehmensweiter Schaffung von Wissen. Dafür wird ein Raum benötigt, an dem man ungestört kommunizieren kann. So ist dieser Raum, z. B. ein teilautonomes[28] Arbeitsteam. Hier kann durch seine TeammitgliederInnen Wissen geschaffen werden[29].

---

[25] Vgl. ebd., 77.
[26] Vgl. ebd., 81.
[27] Willke, *Systemisches Wissensmanagement*, 15.
[28] Anmerkung: Teilautonom deshalb, denn keiner ist unabhängig, obwohl Nonaka und Takeuchi von autonomen Gruppen sprechen.
[29] Vgl. Nonaka und Takeuchi, *Die Organisation des Wissens*, 101.

3.3.2 Autonomie

Auf dieser Ebene findet ein intensiver Gedankenaustausch zwischen den Beteiligten statt. Individuelles Wissen wird geteilt und in eine für alle MitgliederInnen verständlichen Art und Weise transferiert. Somit können neue, gemeinsame Konzepte entwickelt werden. Auf dieser Ebene ist es wichtig, die MitgliederInnen sorgfältig auszuwählen. Der Anspruch sollte sein, dass sie über einen adäquaten Kenntnisstand verfügen und diesen Kenntnisstand auch weitergeben können. Dadurch kann wieder neues Wissen entstehen[30].

3.3.3 Kreativer Abgleich

Es erfolgt auf dieser Stufe eine ständige Reflexion des Erreichten durch die TeammitgliederInnen[31]. Das bedeutet, der Wissenstransfer über bildhafte Darstellung wird anderen gegenüber notwendig, um eine Herauskristallisation der Varianten nach dem besten Vorgehen darzustellen. Dabei kann die virtuelle Darstellung eine sinnvolle Basis sein, z. B. durch Schaubilder oder Wikis.

3.3.4 Redundanz

Im Gegensatz zum Kreativen Abgleich ist die Redundanz, die individuelle Form der Wissensgenerierung. „Im Falle einer Neuentwicklung kann es sich dabei um einen Prototyp handeln."[32] Der Vorteil eines Prototyps besteht in der Regel darin, dass es sich, um einen haptischen Gegenstand handelt. Bestehendes explizites Wissen ist einfach übertragbar. Daher ist es einfach am expliziten Wissen von Personen zu antizipieren[33]. Ebenfalls wie beim kreativem Abgleich können dazu Datenbanken oder andere Plattformen genutzt werden.

3.3.5 Notwendige Vielfalt

Die Kreierung von Unternehmenswissen ist ein fortlaufender Prozess. Er darf nicht nach der Redundanz enden. Dabei ist der ungezwungene Austausch ein wesentlicher Bestandteil im Wissensmanagement und sollte von Unternehmen gefördert werden. Davenport und Prusak

---

[30] Vgl. ebd., 102.
[31] Vgl. ebd.
[32] Ebd., 103.
[33] Vgl. Ikujiro Nonaka, Hirotaka Takeuchi, und Friedrich Mader, *Die Organisation des Wissens : Wie japanische Unternehmen eine brachliegende Ressource nutzbar machen*, 2. Aufl. (Campus Verlag, 2012), 103.

nennen diesen Schritt Wissenstransfer und sagen: „In einem wissensorientierten Wirtschaftsunternehmen ist Reden Bestandteil des Arbeitsprozesses."[34]

---

[34] Thomas H. Davenport und Laurence Prusak, *Wenn Ihr Unternehmen wüßte, was es alles weiß ... / das Praxisbuch zum Wissensmanagement* (Landsberg/Lech: mi Verl. Moderne Industrie, 1998), 185.

4. Zusammenfassung und Ausblick

In der heutigen Zeit in der es zu immer schnelleren technischen und organisatorischen Umbrüchen kommt, genügt es nicht mehr darauf zu setzen, dass das Wissen welches sich im Unternehmen befindet, einem Selbstläufermodell wie laissez - faire unterlegen darf, sondern es muss gesteuert werden, im Sinne von Dokumentation und Weitergabe.

Ziel dieser Arbeit ist es, wie man das einmal gesammelte Wissen, den „Erfahrungsschatz" nutzen kann und damit positiv für die Personalentwicklung einsetzen kann beantwortet werden.

So werden im ersten Teil, Elemente der Führung beschrieben und voneinander abgegrenzt.

In der Literatur bestehen neben vielen unterschiedlichen Aussagen, Standpunkten auch viele Modelle die sich mit der Führungsthematik auseinandersetzen. Im Abschnitt 2.4. ff. wurde auf zwei Führungsstile hingewiesen, denn auch der „Geführte" wird sein Wissen verbessert weitergeben können, wenn er weiß wie der soziale Umgang mit Individuen funktioniert. Damit befindet sich der „Geführte" mit dem Moment der Wissensweitergabe in einer umgekehrten Situation zum „Lernenden" und wird als „Lehrer" betrachtet.

Im zweiten Teil werden die Begriffe Daten, Informationen und Wissen beschrieben und voneinander abgegrenzt.

Um das Erfahrungswissen eines jeden MitarbeiterInnen nutzen zu können ist es notwendig, die Stufen der Wissensentstehung zu kennen. Damit in jeder Stufe, die Übertragung des „Erfahrungsschatzes" steuerbar ist.

Eine weiterführende Betrachtung für die Schritte nach dem Wissenstransfer wäre eine Option, um untersuchen zu können, ob und in wieweit man dadurch den Erfolg eines Unternehmens erklären kann[35].

---

[35] Vgl. Rainer Born, „Was soll und was kann es bedeuten von ‚Wissen' zu reden?", 13, zugegriffen 5. Februar 2014, http://www.iwp.jku.at/born/mpwfst/06/WM280700.pdf.

III. Literaturverzeichnis

Baumöl, Ulrike, Hrsg. 2014. *Informationsmanagement: Informationslogistik und Management der Informatik als Funktionen der Unternehmensführung.* 13. Februar.

Brunner, Franz J. 2008. *Japanische Erfolgskonzepte / KAIZEN, KVP, Lean Production Management, Total Productive Maintenance, Shopfloor Management, Toyota Production Management.* München, Wien: Hanser.

Born, Rainer. Was soll und was kann es bedeuten von „Wissen" zu reden? http://www.iwp.jku.at/born/mpwfst/06/WM280700.pdf (Zugegriffen: 5. Februar 2014).

Bühner, Rolf. 2005. *Personalmanagement.* 3., überarb. und erw. Aufl. München [u.a.]: Oldenbourg.

Comelli, Gerhard und Lutz von Rosenstiel. 1995. *Führung durch Motivation / Mitarbeiter für Organisationsziele gewinnen.* München: Beck.

Davenport, Thomas H. und Laurence Prusak. 1998. *Wenn Ihr Unternehmen wüßte, was es alles weiß ... / das Praxisbuch zum Wissensmanagement.* Landsberg/Lech: mi Verl. Moderne Industrie.

Dillerup, Ralf und Roman Stoi. 2012. *Unternehmensführung.* 3. Aufl. Franz Vahlen.

Groß, Martin. 2008. *Klassen, Schichten, Mobilität Eine Einführung.* Wiesbaden: VS Verlag für Sozialwissenschaften.

Müller-Stewens, Günter und Christoph Lechner. 2005. *Strategisches Management / wie strategische Initiativen zum Wandel führen ; der St. Galler General Management Navigator.* 3. Aufl. Stuttgart: Schäfer Poeschel.

Nonaka, Ikujiro und Hirotaka Takeuchi. 2012. *Die Organisation des Wissens : Wie japanische Unternehmen eine brachliegende Ressource nutzbar machen.* Übers. von Friedrich Mader. 2. Aufl. Frankfurt/M.: Campus Verlag.

Ortner, Gerhard E. 2013. Instrumente und Dokumente der Unternehmensplanung.

Scharmer, Claus Otto. 2013. *Theorie U: Von der Zukunft her führen / Presencing als soziale Technik.* 3., unverändert. Heidelberg: Carl-Auer-Verl.

Scholz, Christian. 2011. *Grundzüge des Personalmanagements.* 1. Aufl. Franz Vahlen.

Stroebe, Rainer W. und Guntram H. Stroebe. 1992. *Grundlagen der Führung / mit Führungsmodellen ; mit Tab.* 7., durchges. Aufl. Bd. 2. Arbeitshefte Führungspsychologie. Heidelberg: Sauer.

Weber, Max. 1922. *Wirtschaft und Gesellschaft.* Tübingen: Mohr.

Willke, Helmut. 1998. *Systemisches Wissensmanagement.* Stuttgart: Lucius und Lucius.

IV. Glossar

Führungsstil   Das Verhalten von Vorgesetzten in Beziehung zu einzelnen Untergebenen bzw. Gruppen.

Geführte   Sie tragen Verantwortung für die Ausführung der Anordnungen ihrer Vorgesetzten.

Haptik   Haptik, ist die Lehre des berührenden Begreifens.

Als haptische Wahrnehmungen bezeichnet man auch die wahrnehmbaren Eigenschaften, z.B. für einen Aspekt der Ergonomie.

Situationsadäquat   Das Situationsadäquat wird beschrieben als Schlüsselqualifikation.